¿Quién es más
DESPISTA?

Kaeysha A. Ayala
Ilustrado por Meforya

© Kaeysha A. Ayala
Self Publisher
quienesmasdespista@gmail.com
Correctora de ortografía
Por Joanelly A. Cruz
joanelly2018@gmail.com
Diseño de portada y contra portada
Por © Meforya
mehnaazhusain@gmail.com

Todas las historias escritas a continuación son basadas en hechos reales. El nombre de los personajes fue cambiado para proteger la identidad de los mismos.

Montura fue realizada en Affinity Publisher

ISBN: 979-8-9852877-0-7

Mi madre siempre me enseñó que si alguien lo podía hacer entonces yo también lo podía hacer. Mi padre siempre me decía que la práctica hace la perfección. Aquí va la hija de Ángel y Gloria a mostrarle su talento al mundo.

DEDICATORIA

Le dedico este libro a mi comadre por compartir sus historias de despistes conmigo. También se lo dedico a mi tití madrina, quien a pesar de mis locos escritos jamás dudó de mi don y amor por la escritura. A mi hermano por apoyarme y empujarme de esa esquina de lo más alto del precipicio para que este libro pudiera salir a la luz pública, él siempre supo de mi talento y gran sueño de ser escritora. A mi abuela quien cuando comencé a vivir con ella siempre me decía que si yo creía que con mi cabeza podía derrumbar la pared, la podía derrumbar con esfuerzo y valentía. A todos mis familiares y amigos que siempre me han aconsejado y me han apoyado en todo.

AGRADECIMIENTO

Le agradezco a Dios por regalarme el don de la escritura
creativa y permitirme realizar mi gran sueño
de convertirme en escritora. Sin él nada en este
mundo es posible.

CONTENIDO

Un Simple Olvido

¿En qué rayos estoy pensando?

Más despista que yo, nadie

INTRODUCCIÓN

¿Qué es un despiste? Según la Academia Real Española un despiste es un olvido o una distracción. Este libro nació del corazón de una despistada y comenzó como un relajo entre comadres. Una noche me encontraba junto a mi comadre y su familia en la habitación de un hotel. Ella comenzó a contarme una de las historias que le había sucedido por despistada, la cual titulé como: Pésame tardío. Luego de culminar la historia me dijo que debía de hacer ese libro. Por otro lado, mi tía que es su suegra le decía cada vez que a ella le sucedía algo de tal magnitud, que debía hacer un libro; ya que estaba perdiendo dinero por el simple hecho de no hacerlo; porque créanme las historias que le suceden a ella son únicas. Ya mismo tendrán el gusto de llegar a leerlas. Este libro está compuesto de historias verídicas que le sucedieron tanto a mi tía, a mí y por último, pero no menos importante a mi comadre a quien he catalogado como la reina de las despistadas. Espero que lo disfruten y lleguen a sus propias conclusiones de ¿quién es las más despistada?, de las tres, debo mencionar que las tres estamos clasificadas en tres categorías diferentes. Cada una tiene un nombre para la categoría de su propio despiste.

Debo mencionar que mi tía una vez me dijo: "Tu libro se va a llamar: ¿Quién es más despistá?, y serás la primera en hacer ese libro". Realmente no tenía ni idea de cómo comenzar a realizarlo, pero con la ayuda de Dios todas las cosas son posibles y aquí estoy mostrándole al mundo mi creación con la gran ayuda del creador de mundo y el universo, mi padre celestial.

Un Simple Olvido

El Vellón del Día

Nombre:Luz
Edad: 62
Ocupación:Oficinista
Estado civil:Divorciada
Condición Médica:
Despistes Básicos

EL MAYOR
DE
MIS OLVIDOS

En mi hora de almuerzo suelo realizar algunas diligencias como por ejemplo ir a esa gran tienda por departamento que se encuentra en Puerto Rico y en los Estados Unidos, a comprar una que otra cosa que necesite. Fue así como en un día de trabajo aproveché luego de almorzar para ir al banco a retirar el dinero de regalos para el día de los padres y luego ir a comprar algunos artículos. Cuando llegué al trabajo me di cuenta de que mi gran, hermosa y pesada cartera no estaba conmigo, la busqué y no la encontré. Regreso al establecimiento y resultó ser que una guardia de seguridad la tenía. En ella tenía todas mis cosas, hasta el dinero de los padres. Como no tenía ninguna de mis identificaciones para que la guardia me la pudiera entregar, le mostré mi tarjeta de empleada para que pudiera ver que la foto que aparecía en la licencia de conducir era yo misma. Gracias a Dios una buena samaritana vio lo que parecía ser una maleta de mano en unos carritos de compra y se la entregó. Estaba completa, no le faltaba ni un solo peso. Fue un gran alivio, de lo contrario si no la hubiera encontrado tendría que volver a sacar todas mis identificaciones y tarjetas de crédito. Dios es bueno todo el tiempo, nunca dudes de él.

EMERGENCIA

Íbamos de camino a casa luego de buscar a mis sobrinos en su hogar. Pasábamos frente al centro comercial para tomar la autopista cuando de repente me dio emergencia. Viramos y nos bajamos en el *mall* porque las ganas de hacer el número dos eran muy fuertes y no podía aguantar hasta llegar al retrete de mi domicilio. Luego de vaciar casi todo mi intestino en el baño que se encontraba cerca de los establecimientos de comida rápida caminamos por todo el centro comercial e hicimos algunas compras. Cuando llegó la hora de irnos, metí la mano en mi cartera y no encontré la llave de la guagua. Me puse como una loca buscándola, hasta regresé al toilette a ver si por algún descuido se me había caído o la había dejado allí, pero lamentablemente no fue así. Mi hija fue al automóvil a ver si por la prisa se me había caído y estaban debajo del auto. Resultó ser que ella si las encontró, pero no se encontraban precisamente en el piso o debajo de la guagua. Estas estaban pegadas con todas las puertas cerradas y con el motor encendido. Es que cuando a uno le da un dolor de estómago el cerebro pone toda su atención y todos sus pensamientos en atender la emergencia del momento.

A TODOS NOS PASA

En algún momento de nuestra vida se nos pierden las llaves. Entre las cosas más comunes que se les pierden a las personas están el celular, el dinero y, por último, pero no menos importante: las llaves, el cual fue mi caso y el tema de la siguiente historia. Laboro en una oficina compuesta por siete empleados y todos tenemos llaves de esta. Una noche mientras preparaba todo para el día siguiente ir a laborar, noté que me faltaba algo de mucha importancia. No tenía las llaves y no recordaba en donde las había dejado. Debo decir que hay veces en las que no sé en dónde tengo metida la cabeza, pero esa fue la primera vez en la historia de mi vida y en los años que llevo trabajando para la compañía que me sucedió eso. Busqué como una loca por todos lados, en mi cuarto, mi cartera, hasta en mi guagua y no las encontré.

Estaba preocupada de que alguien con malas intenciones las encontrara y entrara a la oficina a robar o hacer alguna fechoría. Esa noche me acosté rogándole a Dios que aparecieran. Al día siguiente mi sobrina llegó primero y las encontró, las había dejado encima de mi escritorio, pero gracias a Dios no estaban tan visibles como para que otra persona se las llevara.

GUILLE DE PLANCHA

Trabajo para una compañía la cual le da servicio de carga y descarga a barcos. Mi trabajo consiste en pagarle a cada empleado diariamente luego de su larga jornada laboral. He visto todo tipo de casos desde cheques llenos de aceite de coco hasta cheques que he olvidado firmar y regresan a mí para ser firmados, pero ninguna historia le gana a la que contaré a continuación. Resulta que uno de los trabajadores dejó olvidado todos los cheques en el bolsillo de su pantalón y los echó a la lavadora. Me los trajo para que se los reemplazara. Realicé los cheques y seguí mi día normal de trabajo. Al día siguiente me encontraba junto con mi sobrina quien es mi asistente, buscando en donde había metido los cheques reemplazados. Mi sobrina me preguntó que en qué sobres estaban los cheques y fue en ese momento en el que recordé en donde estaban. Debo mencionar que todos los cheques estaban dentro de los sobres originales los cuales estaban doblados y un poco maltrechos. Quise plancharlos para que al entregarlos a su dueño se vieran un poco mejor. Y fue así como quise darme él guille de plancha y los puse debajo del cojín de mi silla y luego me senté sobre ellos. Si no llego a recordar eso hoy en día estoy segura de que seguiría buscándolos.

ARRANCANDO A JOYO ABIERTO

Vivo en una isla tropical en la cual hace mucho calor. Cuando es medio día, el interior del vehículo es como una sauna con cuatro ruedas. Cada vez que entro al mismo para salir a almorzar dejo abierto el baúl para que se refresque y luego lo cierro usando el botón automático. Arranqué el vehículo y cuando iba pasando la caseta del guardia recibí una llamada. Se me hizo extraño porque usualmente nadie suele llamar en la hora de almuerzo, ya que esa hora es sagrada para todo empleado que labora en un puerto. Precisamente fue un compañero de trabajo quien me llamó para decirme que estaba conduciendo con el baúl abierto. Luego de colgar detuve la marcha para ponerlo en modo de parqueo y luego oprimir el botón para cerrar el baúl.

Mientras iba conduciendo hacia mi destino, no pude evitar ir durante el camino riéndome a carcajadas, es que no paraba de pensar que había arrancado con el joyo abierto de la guagua y sé que me veía locamente graciosa.

EL MÁS BARATO
DE LOS
OLVIDOS

Esta historia la llevo guardada en mi memoria como si me hubiera sucedido el día de ayer. Debo aclarar que nunca en la vida me había sucedido algo igual como lo que estoy por relatar. Mi familia y yo tenemos como costumbre ir todos los domingos a almorzar juntos luego de salir de la iglesia. En esta ocasión fuimos a una pizzería la cual ya habíamos ido anteriormente. Ordenamos una pizza grande y pasamos un rato agradable. Luego de comer fui a llevar a mi hija junto a mis nietos a su casa. Cuando iba de regreso a mi hogar recordé que no había pagado la pizza. Volví a la pizzería y le comenté lo ocurrido a la mesera, ella me respondió que nadie tampoco me la había cobrado. Lo que me hizo pensar que, si iban más clientes como yo y meseras como ella, la pizzería se iría a la quiebra. Créanme serían muy pocas las personas honradas que hubieran regresado a pagar lo que consumieron.

TODO ESTÁ EN ORDEN

Llamé al administrador del condominio en donde resido. El motivo fue que aún no habían cobrado el cheque del mantenimiento y eso me preocupaba. Tenía miedo de que se hubiera extraviado porque la tarde que lo eché en el buzón de la administración estaba lloviendo fuertemente y con mucho viento. Temía que, por la ventolera, el sobre podría haber salido volando y nunca llegara a su destino. Luego de hablar con el administrador y contarle la situación, quedó en devolverme la llamada luego de verificar si el cheque habría sido cobrado. En lo que esperaba su llamada comencé a observar mi cuenta bancaria hasta que lo encontré y sí efectivamente el cheque ya había sido cobrado, pero como me extrañé al ver más dinero de lo usual en mi cuenta pensé todo lo contrario; al parecer tenía otras cuentas por pagar.

Luego de mi investigación y gran descubrimiento llamé nuevamente a la oficina de administración para notificarle que todo estaba en orden y no había nada del porqué alarmarse.

EL CARTERO NO TIENE
LA CULPA

En los tiempos de mi abuela si un hijo no se parecía al padre acusaban a la mujer de infidelidad y decían que el niño era del cartero. Actualmente, en tiempos de pandemia el correo anda corto de personal y por esa razón las cartas tardan en llegar a su destino. ¿Qué persona no ha dado por extraviada una carta importante y ha culpado al cartero? A mí sí me pasó, me presento me llamo Luz y esta es mi historia. Soy retirada voluntaria y estaba esperando con mucha urgencia que me llegara una carta para poder deducir la planilla. Luego de llamar varias veces para que me pudieran reenviar la carta, al fin me atendió una representante la cual me indicó que la habían enviado a principio del mes de marzo. Como el cartero era nuevo pensé que había entregado la carta en otra casa y por ende se había perdido. Luego de colgar el teléfono recordé que tenía unas cartas guardadas y sin abrir en la gaveta de mi escritorio. Abrí la gaveta y sí, el misterio de la carta perdida llegó a su final; allí estaba la famosa carta muerta de risa y yo echándole la culpa al pobre cartero.

LA DAMA DE LAS PALOMAS

Tengo como de costumbre cada vez que llego al trabajo echarle pan del día anterior a las palomas. Mi familia suele molestarme al decirme que me parezco a la señora que les daba comida a las palomas en el parque central de la ciudad de Nueva York, esa que sale en la famosa película que suelen transmitir en la época navideña. Una mañana luego de ir a la panadería, regresé a mi hogar a llevarle el pan recién horneado a mi madre para luego irme a trabajar. Mientras estaba en mi casa comencé a picar en pedazos el pan con mis manos para que se le hiciera más fácil a las palomas comérselo. Al picarlo me di cuenta de que estaba blandito, lo probé y me di cuenta de que aún estaba fresquecito. Cuando me voy a ir mi sobrina me pregunta por una bolsa que estaba en la sala. En esa bolsa estaba el pan del día anterior. Al parecer me equivoqué de pan y le piqué el pan recién echo. Estaba tarde así que me fui con el pan fresco picado y ese fue el que le di.

SIN PANTALLAS

¿Alguna vez en su vida han salido a la calle con la sensación de que les falta algo? ¿No?, A mí sí me sucedió. Las mañanas para todo aquel ciudadano que trabaja siempre son ajoradas. No recuerdo bien qué me encontraba haciendo en el trabajo, pero recuerdo tener esa extraña sensación de que algo me faltaba. Es como si tu cerebro te avisara que algo te falta, y te toca a ti averiguar qué es. Así estuve toda la mañana mientras trabajaba hasta que me dieron ganas de ir al baño. En ese momento sagrado de reflexión que el cual es ir al toilette comencé a repasar en mi cabeza las posibles cosas que me pudieron haber faltado esa mañana, hasta que le eché un vistazo al espejo. Ahí pude ver que lo que me faltaba, eran las pantallas. Olvidé por completo ponérmelas y para colmo me veía rara.

LA CALLE ANTES

Era de noche y mi hermano tenía una reunión de matrimonios de la iglesia en su casa. Estaba con mi madre e íbamos regresando a nuestro hogar, ya que habíamos estado en el centro comercial. Mi hermano me llamó para decirme que pasara por su casa a comer. Podía contar con los dedos de mi mano las pocas veces que había visitado su domicilio. Llegué, me bajé, pero algo raro pasaba, no había nadie. Pensé que la reunión se había acabado así que comencé a gritar que tenía hambre y que me abriera. Nadie salió y yo continuaba extrañada hasta que mi madre me dice que esa no era la casa. Resulta ser que me metí por la calle que estaba antes de donde él vivía. Para mi suerte no salió nadie ni mucho menos me llamaron la policía.

EL MENSAJE

Una mañana uno de los empleados me envió un mensaje de texto indicándome que por favor le enviara una foto de su sobre, ya que no lo había podido buscar el día anterior. En el sobre están impresas las horas trabajadas diariamente y cuánto dinero ganaron ese día. Se lo mencioné a mi compañera de trabajo porque usualmente es a ella a quien él le envía los mensajes de texto. No lo puedo negar, me extrañó que me escribiera. Esa tarde el caballero entró a la oficina preguntando la razón por la cual no le había enviado la foto de su sobre. Le dije que sí se la había enviado y busqué mi celular para decirle la hora que lo envié. Cuando veo en mensajería el mensaje aún estaba, pero nunca fue enviado así que se lo envié y le dije la hora, la cual fue en ese momento, las 4:59 p.m. No pudimos evitar reírnos, ya que había olvidado por completo darle al botón.

GANAS DE COMER

Fui al supermercado y compré un emparedado en el área de la cafetería. Le dije a la cajera que a lo que me lo preparaban, haría la compra y luego pasaría por él. Me tardé alrededor de treinta y cinco minutos comprando todo lo que necesitaba para la semana. Pasé por la caja registradora, pagué los artículos y me marché. De camino me dio hambre y cuando iba por el semáforo pensé en mi emparedado. Tristemente, no quise virar así que seguí el camino que va directo a mi hogar. En la semana volví nuevamente al supermercado, pasé por la cafetería y le pregunté a la cajera en forma de broma por mi emparedado de pastrami. Resultó ser que nadie se lo había comido así que lo botaron al zafacón. Se quedó allí solito con ganas de ser comido, mi boca nunca apareció, pero mi estómago preguntó por él.

TRES MESES DESPUÉS

Tengo una hermana que vive en *Boston*. Cada año para Navidad siempre desea que le enviemos como regalo los dulces típicos de nuestro país y esta vez también pidió unas gafas de sol. Se las compré y las guardé hasta que llegara el momento de enviárselas. Cuando llegó el momento para hacer el envío, las gafas no aparecían. Acomodé todos los dulces y las demás cosas en la caja, pero aún me faltaban las famosas gafas. Había olvidado por completo en donde las había guardado, las busqué una y otra vez, pero lamentablemente no las encontré. No tuve más remedio que comprar otras, las coloqué en la caja, la cerré, y se las envié por correo. Tres meses después mientras recogía mi cuarto las encontré, estaban bien guardadas en un cajón.

DE EMOCIÓN
A
CONFUSIÓN

Trabajo en el departamento de recursos humanos y soy la encargada de realizar la nómina semanal para los empleados de la oficina y también para los empleados que trabajan en el área del taller. Me disponía a hacer la misma. Por casualidades de la vida me dio por preguntar qué día era para estar segura de que era el día de nómina. Para mi sorpresa estaba algo adelantada, ya que era martes y la nómina se prepara los jueves. La emoción hizo que me confundiera de día, ya que esa semana había hecho algunas horas extras y al parecer estaba loca por cobrarlas para, por otro lado, gastarlas en las diferentes facturas.

ME QUEDÉ DORMIDA

Una mañana salí como un cohete de la cama. Me había quedado dormida porque olvidé poner el día antes la alarma despertadora. Estaba entre ajorada, enojada y nerviosa, pensaba que mi jefe me daría un fuerte regaño. Cuando salí de bañarme y me senté en mi cama, recordé algo que jamás olvidaré. Para mi sorpresa ese día no tenía que ir a trabajar al igual que muchas otras personas, porque ese día era un día el cual muchas personas lo usan para recoger la casa, cortar la grama o para salir a divertirse. El día que por primera vez en mi vida me había quedado profundamente dormida, y pensé que tendría que salir corriendo a trabajar. Era sábado. Trabajo en una oficina y esos días si no vienen barcos no se trabaja.

ME SENTÍ DE OCHENTA

Hay ocasiones en la vida de toda persona en la que suelen confundirse. Uno se confunde por diferentes cosas por, mucho trabajo, estrés o porque tiene su mente totalmente ocupada pensando en otra cosa. A la oficina llegó uno de los empleados a cobrar su cheque del día. Ese día en la compañía había muchos empleados trabajando en diferentes cosas. Le pregunté, si estaba trabajando en el ferri y me respondió que no porque ese día era domingo y ese barco se trabaja los lunes. Me sentí como una vieja de ochenta años confundiendo los días en los cuales estoy viviendo.

LA OBRA DE CARIDAD DEL DÍA

Una mañana fui a supermercado a comprar todos los ingredientes para hacer una tacada en mi casa. Mi hija junto a mis nietos vendría de visita para ayudarme a recoger y a organizar la casa de la segunda planta, ya que mi sobrino vendría para habitarla. En el supermercado compré una bolsa de hielo. Cuando uno compra ese tipo de artículo, debes pagarlo primero y luego pasar a recogerla en las neveras que están afuera. Lo pagué, monté todas las cosas en la guagua y me fui de regreso a mi hogar. Dejé la bolsa de hielo huérfana en la nevera porque olvidé recogerla. Hice la obra de caridad del día, le regalé dinero al supermercado.

LA CARNE TRABAJADORA

Mi madre una mañana me pidió que por favor le comprara una carne molida para hacer *spaghetti* en la tarde. Se la compré y me fui a trabajar. Cuando estoy en el trabajo mi madre me llamó y me preguntó por la carne. Le dije que se la había comprado y me había ido al trabajo. Olvidé por completo llevársela y me la traje para que trabajara conmigo como ella me dijo. Hay veces en las que me pregunto, ¿En dónde tengo metida la cabeza?

LO DEJÉ HACIENDO UÑAS

Soy una persona bien femenina y me preocupo por mi cuidado personal. Después de gastar mi dinero en lo esencial, el sobrante lo gasto en mi arreglo personal. Es decir, voy a la peluquería a que me arreglen el cabello y también voy a que me retoquen mis uñitas. Fui un día a retocarme las uñas y regresé a mi hogar como de costumbre. En algún momento de la tarde no encontraba mi celular. Le dije a mi sobrina que por favor me llamara para que al sonar pudiera escucharlo, y así saber en donde estaba. Cuando ella llamó, le contestó una muchacha, resulta que lo había dejado con la técnica de uñas haciendo uñas.

ENTRE HAMBRE
Y
CONFUSIÓN

Fui a la cafetería donde voy de costumbre todos los días a buscar almuerzo para mis compañeros de trabajo y para mí. Cuando iba regresando al trabajo un compañero que me había visto en la cafetería me llamó para decirme que me había llevado la comida equivocada. Verifiqué y sí, efectivamente no era la mía. Tuve que virar para devolver la comida equivocada y recoger la que me pertenecía. Es que cuando uno le da hambre, llega a leer los nombres mal y hasta al revés.

LA BOLSA DE HIELO

Mi madre me pidió que le sacara copias de las llaves del portón de la parte trasera de la casa. Fui al puesto de gasolina a sacarlas y de vez también fui a comprar una bolsa de hielo. El muchacho no se tardó nada en hacerme las copias, todo fue como en un parpadeo. Regresé a casa y justo cuando me estaba estacionando tuve que virar porque olvidé por segunda ocasión comprar la bolsa de hielo.

DÁNDOME DE BAJA

Cuando me encontraba en mi etapa adulta y madura decidí volver a estudiar. Tenía terminar el bachillerato de Asistente de Contabilidad. Lamentablemente, había una clase en la cual tuve que darme de baja debido al horario nocturno, ya que para mí era muy tarde. Entré a esa clase para hablar con el profesor y contarle mi situación. Me retiré del salón y me dirigí al estacionamiento de la universidad para montarme en mi vehículo y marcharme. Cuando estoy en el proceso de buscar mis llaves me doy cuenta de que estaban en mi cartera la cual no tenía conmigo, la había dejado olvidada en el salón de clases. Sabía que no era buena idea tomar clases tan tarde en la noche. Eso fue dándome de baja, no me quería imaginar que hubiera sucedido si hubiera decidido tomar la clase.

EL VELLÓN DEL DÍA

Llevo mi vida bastante ajorada. Tanto en las mañanas como en las tardes, en mi trabajo suelen ser de mucho movimiento. Y como mi vida es así, se podrán imaginar que así también es mi vestimenta. Me visto cada mañana como si fuera el superhéroe más rápido en la vida ficticia de los muñequitos, para salir corriendo de la casa a trabajar. Una tarde luego de regresar de la hora de almuerzo la secretaria se me acercó para decirme algo. Con lo que me dijo no pude evitar reírme y ser el vellón de toda la tarde. Resulta ser que había estado durante todo el día corriendo para arriba y para abajo con la camisa puesta al revés y ni cuenta me había dado.

¿En qué rayos estoy pensando?

Mis Botas

Nombre:Angelica
Edad:32
Ocupación:Oficinista
Estado civil:Soltera
Condición Médica:
Despistes Moderados

EL BAÑO DE GATO

Soy una persona que suele hacer las cosas muy a la prisa a diferencia de otras que la hacen como si fueran parientes de los perezosos. Es por eso, por lo que cuando estoy en el trabajo suelo hacer las cosas bien rápido. Hay ocasiones en las que suelo cometer uno que otro error, errores de los cuales me doy cuenta a tiempo para corregirlos y no volver a cometerlos. Era un día de mucho ajoro laboral y me encontraba realizando diferentes tareas al mismo tiempo. Suelo tomar mucha agua para mantener mi cuerpo saludable he hidratado. Gracias a ese maravilloso líquido transparente que suelo tomar en grandes cantidades, me dieron muchas ganas de orinar. Rápidamente, me dirigí al baño el cual es compartido con varios empleados. Apresuradamente, me bajé el pantalón para sentarme. No me fijé si la tapa del inodoro estaba levantada, así que me caí dentro del toilette. Uno de mis compañeros no había bajado la tapa, así que le di un baño de gato a mi trasero.

DESMANTELADA

Cuando te gusta alguien tienes a esa persona en tu mente las veinticuatro horas del día y los siete días de la semana haciendo espectáculos gratuitos en tu cabeza y por ende se te hace difícil poder concentrarte. Ese es mi caso, me gusta una persona, pero lamentablemente no soy correspondida. Él es el supervisor del personal en donde trabajo. No puedo evitar preocuparme por él cuándo sé que algo le pasa. Una mañana estaba montada en mi vehículo cuando voy a tocar mi collar, me toco y no lo siento. Tocar mi collar de imitación del osito famoso plateado es una extraña manía que tengo la cual llevo a cabo cada vez que pienso en alguien. Cuando me di cuenta de que no tenía el collar puesto, me toqué las orejas y tampoco tenía las pantallas puestas. Tuve que virar y ponérmelas. Casi llego sin una sola prenda puesta, bella me iba a ver (sarcásticamente hablando) toda desmantelada frente al hombre que me gusta.

EL DRAGÓN

Cuando estudiaba en la universidad siempre iba los viernes a quedarme a dormir hasta el domingo en la casa de mi mejor amiga. Todos saben que los viernes la gran mayoría de los estudiantes universitarios no tienen clases. Un viernes me levanté tarde, no había empacado y mi amiga me estaba esperando para ir a almorzar. Me metí a bañar y luego de salir de la ducha comencé a empacar lo más rápido posible. Cuando al fin llegué a la casa me di cuenta de algo muy peculiar, mi amiga se alejaba de mí cada vez que le hablaba. Sentí como si llevase dentro de mí un dragón escondido y no sabía el por qué. Cuando rocé mi lengua contra mis dientes pude sentir el sarro y fue ahí donde entendí que me fui con el aliento de dragón a la calle. Olvidé por completo cepillar mis dientes, se lo comenté a mi amiga y ella se echó a reír. Por suerte tenía un cepillo de dientes en su casa, ya que prácticamente vivía ahí los fines de semana.

SE ME FUE EL *DELOREAN*

Hay a quienes se le va el taxi, el bus, el tren, el avión y hasta el cohete, pero a mí, a mí se me fue el *DeLorean*. Si no sabes lo que es te aconsejo que antes de continuar leyendo este relato de la vida real, veas esa película famosa del 1985 donde usan ese vehículo como una máquina del tiempo. Tengo una buena memoria, soy bien puntual en cuanto a felicitaciones, actividades y citas, se refiere. Resulta que era el cumpleaños de mi mejor amigo. Me levanté bien temprano para felicitarlo. Quería ser la primera persona de la cual él recibiera un mensaje de felicitaciones y por ende lo leyera antes que el de alguien más. Luego de cuatro horas de espera al fin recibí un mensaje suyo. Me respondió bien agradecido por mis felicitaciones y deseos, pero me recordó que no era ese mes sino el próximo. No cabía duda de que, sí fui la primera de todos sus amigos y familiares en felicitarlo, ya que me había adelantado un mes completo.

Y AHORA, ¿QUÉ HAGO?

Fui al centro comercial a comprar camisas nuevas para trabajar. Las que tenía ya se sabían el camino de ida al trabajo y de regreso al hogar, estaban feas y desgastadas en otras palabras ya estaban para ocupar su lugar en el zafacón o para convertirse en trapos de limpieza. En el *mall* fui a una tienda donde conseguí bastantes blusas a buen precio. Tomé tantas blusas que pensaba que me iba a salir del presupuesto. Cuando llegó la hora de pagar no tenía dinero en efectivo y mucho menos mi tarjeta, ya que la había dejado en el trabajo. Tuve que decirle a la cajera que me las guardara en la caja y que luego regresaría para pagarlas. La cajera me lanzó una mirada de esas raras como queriendo decir que sabía que no iba a regresar y que mucho menos las pagaría. Regresé y ella ya tenía mis camisas para devolverlas a su sitio. ¿Cómo fue que pagué? Tuve que pedirle prestado a mi abuela que estaba conmigo ese día en la tienda.

DETRÁS DEL AUTO
ESTACIONADO
COLOR BLANCO

En la vida todo es posible, tanto para las cosas buenas como para las cosas malas. He escuchado un sinfín de historias de escalofríos que han resultado ser reales como historias de superación personales increíbles. Y como todo es posible también es posible que algunas personas tengan un despiste que se le haya repetido en más de una ocasión. Ese es mi caso. Soy parte del club de las despistadas anónimas (simbólicamente hablando). Nunca pensé que se me presentara la oportunidad para relatar esto, pero aquí voy. Un día luego de ir a buscar a mi sobrina a su hogar fui a este famoso establecimiento de comida rápida a comprarle su cajita feliz. Al llegar hice la fila en el autoservicio. Vi que un auto se movió y yo aún detrás del mismo auto. Cuando miro bien, ya la línea estaba vacía y yo estaba detrás de un auto estacionado que queda justo al lado del autoservicio. Siempre es el mismo carro. Debo decir que no es la primera vez que me ocurre, esta ha sido la cuarta vez. En otras ocasiones me he dado cuenta, pero cuando tengo prisa siempre termino haciendo la fila detrás del auto estacionado color blanco.

MIS BOTAS

Había terminado de estudiar mi grado asociado en Diseño Gráfico. Me gustó tanto que decidí estudiar el bachillerato, pero como en la universidad donde me encontraba no lo daban decidí matricularme en otra. Eso quería decir que tenía que levantarme todos los días a las cinco de la mañana, ya que tenía que viajar a otro pueblo de mi país el cual me quedaba a cuarenta y cinco minutos de donde vivía. Mis clases comenzaban a las ocho de la mañana y terminaban a las doce del mediodía. Una mañana mientras caminaba por la plaza que debía cruzar para entrar a la universidad, me di cuenta de que mi caminar no era normal. Caminaba coja, como si un pie estuviera más elevado que el otro. Miré mis botas y me di cuenta de que ambas eran negras, pero una de plataforma y la otra era *flat*. Nadie se dio cuenta, al menos eso he pensado hasta el sol de hoy.

LA ESCOLTA CON ESCOLTA

Soy empleada de una oficina la cual está ubicada en un muelle. Para poder entrar debo tener dos tarjetas de empleado como en el aeropuerto. Llevaba ya cuatro años laborando ahí y nunca me había sucedido nada igual a lo que me pasó. No fue nada grave, porque un descuido lo tiene cualquiera. Resulta que mientras iba llegando a la caseta del guardia me di cuenta de que había dejado mis identificaciones. No pude entrar y tuve que llamar para que me pudieran escoltar. Cuando le dije gracias a mi escolta el guardia cambió su cara de serio y se comenzó a reír por la forma graciosa en la cual di las gracias. Lo curioso de todo esto es que soy quien usualmente le da la escolta a las personas cuando necesitan entrar a la oficina para dar algún servicio y esa vez me tocó ser escoltada así que fui la escolta con escolta.

NACÍ DESPISTADA

Unos nacen ricos y otros pobres, unos nacen con talento y otros en el camino lo van desarrollando, pero yo, yo nací despistada. Sufro de todo tipo de olvidos, hasta las citas médicas se me olvidan. Pero de ahí a que se me olvide que debo ir a recoger a alguien, eso ya es otro nivel de despiste. Resulta que mi padre me había pedido que por favor recogiera a su esposa en una agencia de autos, ya que ella llevaría su guagua para el chequeo. Ese mismo día fui con mi hermano para obras públicas, a realizar los trámites para vender mi antiguo vehículo. Mi padre me llamó para que fuera a recoger a mi madrastra. Yo lo había olvidado por completo, ese pequeño detalle hizo que mi padre se molestara conmigo. Por suerte su vecino fue a recogerla porque si fuera por mí, se hubiera quedado esperando a que mi padre saliera de trabajar, ya que no podía pasar a recogerla.

EL CACTUS

Soy oficinista y trabajo en la capital de la isla. Había tenido una semana bien cargada de trabajo por ende no tenía tiempo para poder realizar mis deberes del hogar. Salía de trabajar para llegar a mi casa, comer, darme un baño para luego acostarme y al día siguiente continuar con la misma rutina. Así estuve toda la semana hasta que llegó el tan esperado fin de semana. El sábado aproveché para recoger mi cuarto y encargarme de mi cuidado personal. Me di un baño largo. Lavé mi cabello, me afeité, en fin, hice todo aquello que durante una semana no había podido hacer. Al salir de la ducha mientras me secaba una pierna pude ver lo resplandeciente que esta lucía, y cuando fui a secar la otra me di cuenta de que está parecía un cactus. Había olvidado por completo afeitarme la otra pierna. Tuve que entrar nuevamente a la ducha para terminar lo que había comenzado a hacer.

PAJARITOS PREÑAOS

No tengo ochenta años ni mucho menos estoy por cumplir los treinta, pero aun así a nosotros los jóvenes nos suelen pasar unas de cosas y esas son las razones por las cuales nuestros familiares de edad madura nos dicen: "Eso te pasa por andar pensando en pajaritos preñaos". Fue la primera vez que fui sin ningún tipo de compañía al centro comercial. Me aventuré como cualquier otra muchacha de mi edad, ya que me urgía comprar unas cosas que necesitaba para la universidad. Mi salida fue todo un éxito, hasta que llegó el momento de irme. Iba caminando para el estacionamiento cuando de repente olvidé en dónde había dejado estacionado mi vehículo. Estuve como media hora caminando hasta que al fin lo encontré, estaba estacionado en una esquina al final del *parking*.

UNA CONFUSIÓN

Una de las tareas que debo hacer para la oficina en la cual trabajo es la nómina semanal. Era día de pago. A la oficina fue uno de los empleados a recoger su cheque. También se llevó el de uno de sus dos compañeros. Cuando me encontraba regresando de la hora de almuerzo recibí una llamada. Era uno de los empleados preguntando en donde le había dejado guardado su sobre. Estaba segura de que estaba ahí hasta que recordé que sin querer se lo había entregado al caballero que fue por la mañana. Me había confundido de nombre y se lo había entregado a la persona equivocada. Por suerte el hombre que tenía el sobre incorrecto se encontraba cerca y pudo encontrarse con el empleado y entregárselo. Cuando el hambre ataca uno se confunde y hasta llega a leer mal los nombres.

FALLA DE MEMORIA

Son muchas las cosas que pasan por la cabeza de una mujer y son más si le gusta alguien. Pasa tanto tiempo pensando en esa persona y esa es la razón por la cual le ocurren tantos olvidos. Ese precisamente es mi caso. Me presento, mi nombre es Angélica y soy una simple empleada que trabaja en el mundo en donde habitan los hombres y no es un prostíbulo. Mi cerebro siempre deja de funcionar cada vez que pongo mis ojos color café claro en un par de ojos verdes. Ya había hecho los cheques y todo el trabajo, así que me marché a mi casa. Al llegar recibo la noticia de que a los empleados no se les había pagado. En ese momento recordé que había dejado los sobres en la oficina y tuve que salir a toda prisa de vuelta al trabajo. Gracias a Dios no me detuvo ningún oficial para darme una multa, ya que andaba conduciendo a ochenta millas por hora.

FLOTANDO EN EL ESPACIO

Este es uno de mis males. Estaba en la gasolinera echando gasolina. Mientras echo gasolina suelo observar los números hasta que llega a la cantidad que eché para no quedarme como una boba apretando la manguera. Al terminar automáticamente cierro el tapón y me monto en mi vehículo. Al arrancar escuché que una persona me tocó bocina, y cómo no sabía por qué, continúe conduciendo. Al hacer el pare miré por el espejo izquierdo y vi que había dejado la tapa del tanque de gasolina abierta, esa era la razón por la cual me habían tocado bocina y como siempre ando con la cabeza perdida y flotando en el espacio; ni siquiera me dio con mirar.

EL ROPERO

A la edad de doce años me encontraba cursando la escuela intermedia. Esta historia real me sucedió el día donde podía usar mahones, o como muchos les dicen en inglés, el famoso *jeans day*. Mi madre trabajaba muy temprano y apenas la veíamos. Era responsabilidad tanto de mi hermano menor como mía, prepararnos y esperar la guagua escolar. Tomé los primeros pantalones que vi en mi ropero y me los puse. Noté que estos me quedaron un poco grande así que busqué una correa, me la puse y me fui. En la escuela uno de los compañeros me preguntó que si esos pantalones eran de mi padre porque me quedaban muy grande y le respondí que ese no era su problema. Al llegar a mi casa le dije a mi madre lo ocurrido y me dijo que ese pantalón era de ella y que al parecer se confundió de ropero y lo puso en el mío.

LA COORDINACIÓN

Mi trabajo queda a solo treinta minutos de mi hogar. Todas las mañanas conduzco por la misma ruta hacia el trabajo el cual queda en la capital de la isla. La mañana de un sábado decidí ir a visitar a mi sobrina. No recuerdo en qué mi cabeza estaba pensando, nada más sé que se coordinó con mi automóvil y ambos condujeron la ruta que se saben de memoria, la famosa ruta que va directo hacia el trabajo. Cuando me di cuenta ya era tarde, estaba llegando así que tuve que tomar una ruta alterna para llegar a mi destino. Sería más fácil si diseñaran un vehículo para personas despistadas como yo, en donde programen el destino para que así el vehículo conduzca automáticamente por la ruta seleccionada y así se evitan que sucedan estas cosas.

EL CHEQUE PERDIDO

Una mañana bien temprano mi abuela me pidió que por favor le hiciera un cheque para pagar una factura personal del hogar. Luego de hacerle el cheque me pidió que se lo llevara a mi tía al trabajo. Mi tía además de ser mi tía Dios le dio el privilegio de ser mi compañera de trabajo. Como una buena sobrina le llevé el sobre para que pagara la factura. Cuando ella me preguntó en donde estaba no tuve más remedio que decirle que lo había dejado en la chequera y nunca lo había arrancado o eso pensaba. Pasan los días y se pusieron a buscar el cheque y resulta que siempre estuvo en el sobre junto con la factura.

LALA LANDIA

Estoy en esa etapa de mi vida en donde decidí hacer ejercicios para adelgazar. Padezco de hipotiroidismo y por ende se me hace un poco más difícil que a los demás bajar de peso, gracias a esa tan famosa glándula en forma de mariposa llamada tiroides. En mi hora de almuerzo luego de recoger la comida pasé por el supermercado para comprar algunas frutas para consumirlas luego de hacer ejercicios poder recuperar energía. Salí de trabajar y me fui directo a mi casa. Cuando me senté en la mesa para cenar, ahí recordé que había dejado las frutas en la oficina donde trabajo. Como ando pensando en alguien que es bien especial para mí, eso hizo que mi mente se fuera en un viaje con destino a Lala Landia.

LA FUNERARIA

A la edad de diecinueve años una muy buena amiga murió en un accidente de tráfico. Todos mis amigos y yo no salíamos del asombro y la incredulidad de que una de nuestras mejores amigas ya no estaría más con nosotros. Uno de mis mejores amigos me llamó para preguntarme en qué funeraria harían el velatorio y le dije en la más cercana de nuestro pueblo. Resulta que él y una parte de nuestros amigos fueron a la funeraria y al preguntar por nuestra amiga fallecida le informaron que en esa funeraria no se encontraba ningún velatorio bajo ese nombre y la funeraria estaba vacía. Cuando llegaron a la funeraria correcta en donde me encontraba junto a mi mejor amiga, comenzaron a hacerme la historia y a relajarme por mi despiste y confusión.

ME QUEDÉ EN EL PASADO

Luego de unos días cargados de mucho trabajo por fin pude descansar bien la noche anterior. A la mañana siguiente me encontraba bien feliz y motivada. comencé a realizar los cheques y a poner la fecha con el ponche a toda prisa. Cuando terminé se los entregué a mi compañera para que pudiera firmarlos. Ella me dijo que todos los cheques tenían la fecha del día anterior. Al parecer mi motivación hizo que olvidara cambiar la fecha y, por lo tanto, me quedé en el pasado.

LAS LLAVES

Fue un día largo de diligencias el cual me la pasé de un lado para otro. Al llegar a mi casa, luego de bajarme de la guagua comencé a buscar las llaves para guardarlas. No las pude encontrar y nunca las hubiera encontrado si no hubiera regresado a la guagua. Estas estaban pegadas con la guagua encendida. Gracias a Dios que mi guagua pone los seguros automáticamente luego de poner la alarma. Yo entre nuevamente, retiré las llaves y cerré la guagua como si no hubiera pasado nada.

NO ESTABA EN EUROPA

A la edad de doce años asistía a la escuela secundaria. Estaba en la etapa de la adolescencia y como toda señorita debía ponerme los famosos sostenes antes de salir de casa. Un día como cualquier otro asistí a la escuela y en la hora de almuerzo fui a casa de mi tía junto a mis primos a almorzar porque quedaba cerca de la escuela y porque no nos gustaba la comida que daban en el comedor. Ese día mi tía no estaba en la casa. Me senté en la mesa y noté que no tenía puesto el sostén. Gracias a Dios que a la escuela a la que asistía era obligatorio como parte del uniforme usar un chaleco, con él pude disimular un poco mi gran olvido. Mis pechos no eran tan notables, ya que no estaba del todo desarrollados. Ese pequeño olvido me hizo recordar que estaban en mi tierra natal y no en Europa.

NO TENÍA PELO

El mensajero para la compañía en la cual trabajo me llevó a renovar la tarjeta de identificación de puerto, la cual me permite entrar al muelle para trabajar. El caballero se quedó esperándome afuera en su vehículo a lo que yo terminaba de realizar dicho trámite. Al salir del sitio me dirigí al vehículo para montarme, cuando veo que el conductor tenía cabello largo y el hombre que me había traído era calvo; fue ahí cuando me di cuenta de que casi me monto en el auto equivocado.

PILOTO AUTOMÁTICO

Fue una mañana, pero no fue como cualquier otra. Me levanté un poco tarde y por ende andaba un poco pasada de minutos para llegar a tiempo al trabajo. Para completar mi mañana no podía faltar el estupendo taponamiento (sarcásticamente hablando) de vehículos en una de las importantes avenidas de la isla. Mientras conducía vi este vehículo que juré reconocer, pero por la prisa no le hice mucho caso. Recibí una llamada de uno de mis compañeros de trabajo el cual me preguntó que, si me encontraba en la oficina, obviamente mi respuesta fue no. Mientras me cambié de carril me di cuenta de que era él la persona del vehículo que logré reconocer y me dijo que yo andaba detrás de él hace rato. Mi vista logró reconocerlo, pero mi memoria se puso en piloto automático.

EL ENJUAGUE

La novia de mi padre se encontraba en los trámites para entregar su apartamento para luego irse a vivir con él. Dicho trámite requería entregar el apartamento tal cual se lo entregaron y eso incluía que estuviera pintado del mismo color para así poder cobrar el dinero de la fianza. Fui a brindarle mi ayuda para pintar el apartamento. Mientras me encontraba pintando mi cuerpo comenzó a sudar. Una gota de sudor bajó por mi espalda y mi reacción fue tocarme. Luego miré mi mano y vi que esta estaba llena de algo blanco y resbaladizo. En ese momento desconocía que podía ser hasta que lo olí. Mi espalda estaba llena de jabón, había olvidado enjuagar mi espalda y ese fue el resultado, salir a ayudar con una espalda burbujeante.

Más Despista Que yo, Nadie

La
Brillante Idea
de mi Cerebro

Nombre:Mei
Edad:38
Ocupación:Jefa
Estado civil:Casada
Condición Médica:
Despistes Avanzados

LA CASI MOMIA

Estaba recién casada y vivía arriba del hogar de los abuelos de mi esposo. Llegué una tarde de trabajar y fui directamente a bañarme. Siempre en lo personal me ha gustado luego del ritual del baño untarme crema en el cuerpo. Todos sabemos que los años pasarán y la piel no volverá a ser la misma por eso hay que cuidarla. Me senté en mi sofá rojo a ponerme crema en las piernas. De momento, noté que las tenía embarradas de crema y parecía como si las tuviera enyesadas. Pensé que la crema estaba dañada. Tomé el pote y comencé a leerlo y fue ahí en donde me di cuenta de que lo que me había untado no era crema, era jabón para las manos. No pude evitar confundirme porque los dos potes eran iguales solo que uno decía crema para el cuerpo y el otro jabón de manos. No me quiero imaginar cómo me hubiera visto si aplicaba la crema por todo el cuerpo, estoy

segura de que parecería una momia.

LA BRILLANTE IDEA DE MI CEREBRO

Cada mañana en días de semana para mí siempre resulta ser un ajoro. Debo preparar a mis hijos para que su padre pueda llevarlos al campamento, al colegio o a la casa de su abuelita donde normalmente los cuidan. Una mañana donde como siempre estaba ajorada, preparando a mis hijos para que fueran al campamento y preparándome yo para ir a trabajar. Se me hizo tarde y mientras iba de camino me doy cuenta de que aún tenía puesta las chancletas con las que suelo estar en la casa. No soy de esas mujeres que suelen andar con un closet montado en cuatro ruedas y un motor por eso no tenía ningún par extra para cambiarme y entrar a la oficina. Tuve que virar para mi hogar y buscar los tacos que me iba a poner ese día. Solo a mi cerebro se le ocurre la brillante idea de combinar chancletas del hogar para ir a trabajar. Ese día obvio que llegué bien tarde, gracias a mi cerebro.

ALGO EXTRAÑO

Un día me encontraba junto a mi compañera de trabajo y nos dirigíamos a la cafetería para almorzar. De camino todos nos felicitaban, pensábamos que se trataba de una broma porque en el ambiente laboral es difícil no bromear para bajar el estrés. Cuando llegamos vimos nuestros nombres escritos en una gran pizarra donde decía que éramos las ganadoras de una rifa. Fuimos a reclamar nuestros premios algo extrañadas, pero antes de obtenerlos debíamos contestar unas preguntas. Resulta que me habían enviado un *email* el cual nunca leí en donde me notificaba que se llevaría a cabo una rifa en la cual participaron todos los empleados por la celebración de los dieciséis años que cumplía la propiedad. Luego de contestar bien todas las preguntas fui bien emocionada a reclamar mi premio por segunda ocasión y resulta que me gané una pistola de agua y mi compañera de trabajo una balsa para la piscina. Bueno que me suceda por no leer el email y mucho menos asistir a la reunión donde mencionarían la actividad de la rifa.

CASI PLANA PARA SIEMPRE

Siempre fui una mujer delgada y sin busto. Pensaba que luego de tener a mis hijos desarrollaría algo en el proceso de la maternidad, pero me equivoqué. Tuve dos hijos hermosos y siempre tuve problemas para lactarlos. Por otra parte, me incomodaba un poco ver mujeres dotadas de grandes pechos. Así que un día tomé la gran decisión de mi vida, decidí operármelas. Fui a una doctora famosa que ya se las había hecho a una de mis compañeras de trabajo y le quedaron muy bien. El día de la cirugía estaba muy nerviosa, pero, por otro lado, estaba tranquila porque mi esposo estaba conmigo. Cuando la doctora me llamó para operarme me preguntó por los implantes. Cuando los estaba buscando recordé que los había dejado en mi casa. Mi esposo tuvo que salir corriendo a buscarlos. Solo a mí me pasa eso, casi me

iba a quedar plana para toda la vida.

CELEBRO BULERO

En mi vida he visto tanta pizza de *pepperoni* que ya ni se me antoja. Mi hijo mayor come eso todos los días de cena porque es un niño difícil cuando de comer se trata. Hasta se salta la hora de almuerzo en el comedor, todo porque según él la comida no le gusta. Era sábado en la tarde y ahí estaba yo en mi casa ordenando una pizza de *pepperoni* en uno de los restaurantes favoritos de mi hijo. Quedaron en llamarme para ir a recogerla. Aún no me habían llamado así que fui a esperar fuera del local. A lo que esperaba comencé a observar las personas que entraban y salían con sus pedidos. Me estaba desesperando, ya habían pasado treinta minutos y la cajera me había dicho que se tardarían como unos quince minutos, pero aun así debía esperar a que me llamaran dentro de mi vehículo por motivo de la pandemia; ya que ese era el protocolo. Luego de que pasaran como diez minutos más recibí una llamada de mi esposo en donde me dejó saber el porqué de mi tan larga espera. Resultó ser que había dado el número telefónico de él en vez de dar el mío, lo habían llamado a él, pero como estaba ocupado no pudo contestar. Que despistado es mi cerebro, si tengo mi propio número telefónico no entiendo por qué se le ocurre dar el de mi esposo. Hay veces en las que pienso que mi propio cerebro me hace *bullying*.

REGALOS MÁGICOS

Mi hijo mayor cumple justo después de las Navidades. Había olvidado por completo comprarle los regalos por motivo de su cumpleaños porque había estado ocupada comprando y envolviendo los regalos de Navidad así que tuve que comprarle sus regalos una semana antes que cumpliera. Un mes después estaba en el armario buscando una goma de borrar para mi hija menor. Resulta que mientras estaba en esa misión tan importante, porque en ese armario solemos guardar de todo, encontré los regalos de cumpleaños que le había comprado con un mes de anticipación a mi hijo. Los había guardado tan bien que a la vez había olvidado que los había comprado. Es verdad que cuando estás buscando algo aparece todo menos la cosa que estás buscando. Le entregué los regalos a mi hijo y a su vez le deseé feliz cumpleaños y él comenzó a reírse. Mientras tanto, por otro lado, la misión no pudo ser completada, ya que la goma para borrar nunca apareció, pero los regalos si, como si un duende los hubiera hecho aparecer con magia.

TODAVÍA LOS BUSCO

Mi hijo es despistado, mucho más despistado que la madre o mejor dicho como suelo decir, él tiene doble porción de despistes porque cuenta con una porción del padre, y una porción de la madre. Sí, de esa combinación de despistes salió mi hijo. Como madre de un niño doblemente despistado, debo de acordarle las cosas todo el tiempo entre ellas que día y a qué hora debe tomar sus clases de Karate. Una tarde mientras le estaba peleando para que tomara sus clases de manera virtual gracias a la pandemia, estaba sacando la ropa de la máquina y doblándola. Entre la ropa se encontraba los uniformes de educación física de mis hijos. No recuerdo bien lo que sucedió solo recuerdo que estaba gritándole a mi hijo para que regresara a su clase cuando de momento olvidé donde metí los uniformes. Busqué por toda la casa y hasta en el zafacón y no los encontré. Mis hijos se encuentran cursando un nuevo año escolar y yo aún estoy buscando los uniformes del año anterior.

ROLLO DE OJOS

Soy madre de dos niños menores. El mayor es un niño que está en la etapa de la adolescencia y la menor es una niña que está casi en la preadolescencia. Luego que los casos del *COVID-19* habían disminuido en mi país y todos en mi familia estaban vacunados, tomé la decisión de apuntar a mis hijos en un campamento de verano para que pudieran disfrutar antes de comenzar las clases presenciales. Una noche salí cansada de trabajar y comencé a preparar las cosas para el campamento. Tomé una de las loncheras y comencé a escribir el nombre de mi hijo hasta que me di cuenta de que encima de donde estaba escribiendo era de color rosado. Sí, estaba escribiendo el nombre de mi hijo en la lonchera de mi hija. Gracias a Dios solo logré escribir las primeras dos letras. No pude borrarlas, así que escribí el nombre de mi hija debajo y así mismo la mandé para el campamento.

EL QUE NO ERA

Mi comadre se inscribió para vender productos de belleza. Me entregó el catálogo para que lo viera y si me interesaba comprar algún producto debía anotar mi nombre al lado del producto y poner la cantidad. Debo decir que me interesaron varios, pero estaban fuera de mi presupuesto. Escogí una crema para la cara, ya que debido a mi desnivel hormonal tengo mi rostro algo maltrecho. Decidí comprarme la crema y el jabón para lavarme la cara. Le entregué el catálogo a mi comadre para que realizara la orden. Pasaron las semanas y los productos llegaron, pero hubo un error, había un producto que no era el que había pedido. Mi comadre me mostró la página que le había marcado y sí, efectivamente había ordenado ese producto. Al lado del producto incorrecto estaba el que quería. Por equivocación, mandé a pedir el que no era.

EL OBJETO HISTÓRICO

Aún recuerdo la primera vez que la tuve en mis manos cuando me la entregaron en la oficina mientras trabajaba. Era algo muy delicado y costoso. Algo muy avanzado para mis conocimientos en tecnología. En mi cabeza no paraba de rodar esa famosa pregunta una y otra vez, realmente no sabía cómo empezar a aprender a usar dicha tecnología del tan famoso informático y empresario, creador de la manzana con una mordida. Tener ese aparato tecnológico no era algo que se encontraba en los planes de mi vida, pero fue incluido para facilitar el trabajo en la oficina. A todo el personal le habían asignado uno y era responsabilidad de cada persona cuidarlo y si se llegaba a estropear debíamos pagarlo con dinero de nuestro bolsillo. Luego de que el huracán María pasó a turistear por la isla dejándola hecha un desastre, regresé a trabajar. La propiedad se encontraba en construcción, hicieron muchas paredes. Un día eché de menos al aparato plano para trabajar así que comencé a buscarlo por todos lados de la propiedad y hasta en mi casa. Han pasado ya cuatro años y aún continúo buscándolo. Pienso que debe de estar en una de las nuevas paredes que construyeron en la propiedad y si algún día la llegan a demoler y la encuentran, se preguntarán si ese objeto es un tesoro escondido o alguna pieza importante de algún objeto histórico.

AMANTE DEL CAFÉ

Mi marido comenzó a trabajar en una nueva oficina. Como esposa soy una mujer bien detallista así que por motivos de su nuevo empleo decidí obsequiarle un detallito. Ordené y pagué al momento el obsequio y quedaron en indicarme cuando podía pasar a recoger mi pedido. Lamentablemente por motivo de trabajo no pude ir a buscar el obsequio así que le pedí a mi esposo que por favor fuera por él, después de todo era para él. Estuve todo el tiempo en el celular hablando con él para indicarle donde debía recogerlo. Cuando se lo entregaron de la emoción le dije que lo abriera y que era una taza. Se suponía que era una sorpresa, pero se me escapó, gracias a Dios el no logro escucharme, ya que estaba entretenido abriendo la cajita.

Para un amante del café no hay mejor regalo que una taza para el café que tanto ama tomar como si fuera jugo.

DESAYUNO, SUSPENSO Y CRISTIANA

Fui a comprar desayuno al restaurante especializado en desayuno el cual es bien famoso en Estados Unidos. Por motivo de la pandemia me dieron un tiempo de espera. Mientras esperaba decidí ir a una librería que estaba al lado para buscar un libro de terror o de suspenso que son los libros que desde que era niña me han gustado leer. Buscando y buscando no encontré nada, pero vi uno que me llamó la atención para mi comadre. El libro se trataba de cómo lidiar con la ansiedad y la depresión. Cuando lo voy a pagar le pregunté a la cajera que, si el libro era cristiano y ella me respondió que sí, tanto el libro como la librería eran cristianas. Lo cual me puse a pensar en que esa era la razón por la cual no pude encontrar ningún libro de los temas que buscaba. Eso me pasa por entrar como las locas y no fijarme tan siquiera en el nombre de la librería.

HUEVADA AGUDA

Recordar los días en donde mis hijos tienen alguna actividad o es un día especial donde se deben vestir diferente para mí resultan ser siempre una gran metía de pata. Usualmente, mi esposo es quien me lo recuerda porque siempre está al pendiente, ya que conoce que su esposa padece de esa tan famosa condición llamada olvidos avanzados o como le suelo llamar una huevada aguda. Mis hijos tenían el famoso *casual day* un viernes. Esta vez no le pregunté a mi esposo y él mucho menos me lo recordó así que tomé la iniciativa porque estaba bien segura de que era el viernes de esa semana cuando lo anunciaron. Mandé a mis hijos y también fue mi ahijada con ropa de color porque le avisé a mi comadre. Cuando mi esposo los llevó al colegio resultó ser que no era ese viernes sino el próximo. Los pobres niños fueron el *bullying* del día.

ENCIERRO INVOLUNTARIO Y VOLUNTARIO

Una mañana mientras me preparaba para salir con mis hijos me quedé encerrada en mi hogar. Tenía la guagua encendida, la estaba calentando. Mi esposo salió y cerró la puerta con seguro sin darse cuenta de que nos dejó encerrados. La llave estaba en la guagua junto al juego de llaves de la casa, así que no teníamos cómo salir. Traté de abrir la ventana, pero esta estaba atorada y no pude abrirla. Llamé a mi esposo para saber si le faltaba mucho, pero para mi suerte aún se iba a tardar en regresar. Luego de mi desespero recordé que tenía una puerta de cristal la cual se desliza y da para el patio así que la abrí y por ahí pude salir.

LOS INVERTIDOS

Por motivos de la pandemia mis hijos deben tomar clases en línea en casa al igual que también deben tener el uniforme completo puesto. Una mañana estaba en el mismo ajoro de siempre, sirviendo desayuno y vistiéndolos para que tomaran sus clases. Ese día ambos tenían educación física y les puse el pantalón de dicha clase a ambos. No me fije bien que le había puesto los pantalones invertidos porque los dos son igual de delgados, pero de diferente estatura. Cuando me di cuenta ya iban por la cuarta clase y lo supe por qué al nene se le veía las piernas mientras que a la nena le quedaba el pantalón grande.

VESTIMENTA INCORRECTA

Hay veces en las que nosotros los seres despistados no aprendemos de nuestros despistes. Ese es el caso de muchas mujeres al igual que yo que somos doblemente despistadas. Mi superpoder es no leer los *emails* que me envía la compañía, ya que siempre estoy contestando emails de negocios. Un día por casualidades de la vida me dio por leer un *email* de la compañía y el mismo decía que todos los empleados de alto rango de la propiedad teníamos una actividad en la cual era mandatoria asistir. El lugar de encuentro era en el *lobby*. Cuando llego veo a todos los empleados vestidos con tenis y mahones, mientras que yo estaba con tacos y ropa de oficina. Mi jefa me dijo que me prestaría una camisa, ya que sabía que no había leído el email. Resulta que, si lo leí, pero no leí completo y mucho menos la parte en donde decía que la actividad era ir a correr *Four Track* en una hacienda.

EL DEDO BISORIOCO

Salí de trabajar y recibí una llamada en la cual me indicaron que estaban buscando a un cliente. Le notifiqué que ya había abandonado la propiedad y me dirigía a mi hogar, pero de igual forma le dejaría saber lo sucedido a una compañera que aún se encontraba en la propiedad. No soy muy buena memorizando cosas y mucho menos números telefónicos así que vi el nombre de mi compañera entre las últimas llamadas realizadas y lo marqué. Cuando me contestó le dije lo sucedido y una voz de niña me dijo en inglés que si yo estaba hablando con ella. Sin querer le había marcado a mi comadre porque había metido el dedo donde no era. Tuve que colgar y volver a realizar la llamada a la persona correcta asegurándome que mi dedo bisorioco no fuera a marcar mal nuevamente.

PÉSAME TARDÍO

Siempre he sido una mujer muy ocupada, apenas tengo tiempo para ver o responder los mensajes privados en las diferentes redes sociales. Debido a la cuarentena provocada por el *COVID-19* el cual azotó literalmente al mundo entero, pude sacar tiempo para leer todos los mensajes acumulados. Resulta que uno de ellos era un aviso que una excompañera de trabajo había fallecido, su noticia me impactó, hacía mucho que no sabía de ella. Como toda buena compañera le desee a la persona mi más sincero pésame, pero cuando me da por ver la fecha luego de haber enviado el mensaje me percato que lo había recibido hace dos años. Lo que me pasa por no leer.

EL PLANTÓN DEL AÑO

Estaba trabajando en mi oficina. Me llamó una compañera que había renunciado y necesitaba que le llevara algo que había dejado en su antigua oficina. Le dije que me esperara en el *lobby* a lo que terminaba de trabajar para ir a entregárselo. Salí de trabajar, fui a comprar algo para comer. Llegué a mi hogar y al mismo instante cuando me senté en el comedor para comer, me llegó un mensaje de la muchacha preguntándome que si me faltaba mucho. Me había olvidado por completo de ella. Tuve que llamar a una empleada que aún se encontraba en la propiedad para que por favor le entregara lo que estaba solicitando. No sé cuánto tiempo ella estuvo esperando por mí, pero sin duda alguna creo que ese fue el plantón del año para ella, bendito. Realmente no fue mi intención haberme olvidado así de ella.

TODO UN MISTERIO

Hace mucho tiempo no había hablado con una amiga. Un día decidí llamarla y me contestó un hombre, pensaba que era su novio así que le pregunté por ella. Él era el exnovio y me dejo saber que ellos se habían dejado y que todos se habían enterado porque ella se había ido con otro. En esa incómoda situación tuve que preguntarle por qué él tenía el teléfono de ella a lo que él me contestó que ese era su número durante muchos años y me dio el número de ella. No sé cómo tenía registrado ambos números, pero con los nombres invertidos. Los sucesos que me suelen ocurrir a mí son todo un misterio.

ME COSTÓ UN POCO CARO

Un despiste es un olvido y como todo olvido hay algunos que salen más caros que otros. Fui al cajero automático a retirar dinero. Pensaba que había tomado la tarjeta así que me marché hacia mi hogar. Recibí una llamada del banco en donde me notificaron que habían entregado mi tarjeta, pero no fue tan solo eso, resulta que retiraron veinte dólares de mi cuenta bancaria y luego entregaron la tarjeta. Al parecer ni siquiera había dado por terminada mi transacción y pasó un ciudadano con malas mañas y de mi gran olvido se aprovechó.

DÍA DE LA AMISTAD

Era el día del amor y la amistad y me encontraba como de costumbre en mi oficina trabajando. De momento entró una compañera con unos chocolates grandes y me pidió que se los guardara y que por favor no dejara que nadie se los comiera a lo que ella regresaba. Luego de que ella se fue, a mi oficina entraron dos empleados, pero como estaba envuelta trabajando, no me había dado de cuenta hasta que escuché el sonido que hacen las personas con la boca al masticar. Cuando me volteo, me di cuenta de que se estaban comiendo los chocolates que mi compañera precisamente me pidió que le cuidara. Cuando ella regresó y le conté lo sucedido, se enojó conmigo. Los empleados le consiguieron otros chocolates, pero no eran los mismos.

ALGO PEQUEÑO

Mi esposo necesitaba que le comprara un paquete de ropa interior. Los que tenía ya no le quedaban porque se puso gordito. Fui al centro comercial a comprárselos a su gusto. Al llegar a casa se los entregué. Él se fue a bañar y cuando se los estaba poniendo estos le quedaron pequeños. No me dijo nada hasta que le dio con leer el paquete. Antes de comprarlos había leído que eran tamaño grande, pero no leí el pequeño detalle que eran grande, pero para niños. Terminó dándoselos a nuestro hijo al cual le quedaron como anillo al dedo.

LA DESPISTADA DEL AÑO

No podré olvidar en mi vida el día en que nació mi ahijada. La emoción invadía todo mi ser. El tiempo de espera para verla por primera vez había llegado a su fin. Me escapé del trabajo diciendo una mentirilla piadosa, si no fuera así no sé en qué momento me hubiera tocado conocerla. Con lo cargada de trabajo que usualmente ando tal vez me hubieran permitido conocerla cuando cumpliera un año de nacida, exagero no pienso que hubiera pasado tanto tiempo. Fui al hospital y al llegar me estacioné en el primer estacionamiento que vi. Me sorprendí al ver que había estacionamiento gratis. Verdaderamente las cosas en mi país por fin estaban cambiando a favor de los ciudadanos, o eso pensé. Subí a la habitación y la vi, era una niña hermosa, blanquita y de cabellos naranja como la zanahoria. Tuve el privilegio de cargarla y acariciar su cabeza. Cuando me tocó el momento de marcharme la prima de mi esposo que es la tía por parte de padre de la niña me acompañó a la salida. Me preguntó que en donde me había estacionado y le contesté que frente al edificio donde había un portón abierto. Resultó ser que me había estacionado en el estacionamiento de los doctores y como iba bien vestida pensaron que era una doctora y me dejaron pasar. Cuando fui a recoger mi vehículo tuve que decir mi nombre y que venía por mi automóvil. Si eso no merece un premio para ser la despistada del año, pues juzguen ustedes y nominen a su candidata favorita.

LA REINA DE LAS DESPISTADAS

En la noche de un viernes lluvioso mi comadre tomó la decisión de quedarse en mi casa para ver una película de brujas en esa famosa aplicación de letras rojas y así compartir con mis hijos los cuales, son sus ahijados. Cuando me dirigía al cuarto de mi hijo recibí una llamada de un gerencial de la propiedad en donde laboro. Resulta que estaban esperando a unos clientes importantes a los cuales le negaron la entrada porque su hija no tenía la prueba negativa del *COVID-19*. Había olvidado por completo decirles que era un requisito fundamental para entrar. Esa misma noche mi comadre me preguntó sobre una conversación que había tenido en su casa con su abuela y su tía. Le conté que en el trabajo habían enviado un email donde era mandatario que dichos empleados pasaran a tomar un entrenamiento. Era la primera y entendí que debía informarles a los demás empleados para que asistieran. Mis compañeras y yo también debíamos asistir, pero como no vimos los números que encabezaban la lista, ya que estos eran muy pequeños, entendimos que solo debíamos informar y no asistir, así que ninguna de las tres fue al entrenamiento. Tuvieron que organizar otro día de entrenamiento para que las tres pudiéramos asistir. Mientras le contaba la historia a mi comadre mi hijo se antojó de una pizza de su restaurante favorito en el cual viene con una salsa de mantequilla con ajo, pero sin querer la pedí de otra pizzería. Nos enteramos de que me equivoqué, cuando llegó la pizza. Si hacen un reinado de la reina de las despistadas seguramente gano el certamen.

EL RÉCORD *GUINNESS* DE LOS DESPISTES

Este despiste que estoy a punto de relatar estoy casi segura de que le gana a todos, es más, deberían de anotarlo en el libro de récord *Guinness*, pero de los despistes. También pienso que deberían de inventarse un libro de récord *Guinness* para despistados en el cual creo que debería ser la primera. Supongo porque el beneficio de la duda siempre hay que tenerla presente porque uno piensa que es el primero en algo y luego aparece alguien que sin duda va primero que tú porque te gana en cuanto a despistes se refiere.

Un oficial de tránsito me detuvo. Resulta ser que mi marbete estaba vencido y no me había dado cuenta. Le dije al oficial que no había podido sacar el marbete por el paso del huracán María por la isla y el oficial me respondió que ya se había cumplido un año desde que ese huracán azotara nuestra isla. Fue un suceso incómodo. Me dieron una multa, le quitaron la tablilla a mi guagua, la montaron en una grúa y por si fuera poco me trataron pésimo para más decir que me dejaron afuera mojándome bajo el diluvio que estaba cayendo esa tarde. Pagué una multa de casi mil dólares para que me entregaran la guagua. Pero el final de todo esto si fue de película. Todo para que al final de la historia mi esposo me recordara que el marbete lo habíamos sacado y estaba guardado en la gaveta de la guagua. El marbete siempre estuvo conmigo solo es que se me había olvidado sacar el viejo y pegar el nuevo.

CONCLUSIÓN

¿Qué decidieron? ¿Ya tienen a su ganadora? ¿Quién para ustedes en más despistá? No sé ustedes, pero para mí la ganadora desde el inicio y antes de la creación de este libro siempre fue mi comadre. Solo a ella y a nadie más que a ella le sucedían unas cosas que uno ni se imaginaba que fueran posibles que sucedieran en la vida de una mujer.

GLOSARIO

Apartamento: Casa de dos cuartos localizado en un edificio.

Autopista: Vía larga de varios carriles que va en dirección para cruzar de un pueblo a otro.

Balsa: Objeto plástico flotador que es utilizado en piscinas, playas, ríos o cualquier otro cuerpo de agua.

Banco: Empresa comercial que se basa en operaciones financieras.

Busto: Parte superior del cuerpo de la mujer que se utiliza para alimentar a los recién nacidos.

Cajera: Persona que tiene por oficio cobrar al consumidor su compra.

Cajón: Recipiente de madera donde se guarda la ropa.

Carro: Vehículo de cuatro ruedas que se utiliza como medio de trasporte para un individuo y su familia.

Cartera: Utensilio de mujer que se utiliza para guardar todo lo que le quepa.

Centro comercial: Local donde hay una gran variedad de tiendas de todo tipo.

Chaleco: Prenda de vestir que cubre la parte frontal del cuerpo.

Cojín: Saco de tela cuadrado o de diferentes formas relleno de algodón.

Condominio: Edificio compuesto de apartamentos.

DeLorean: Modelo de auto antiguo utilizado en una famosa película del 1985.

Ferri: Embarcación que se utiliza como medio de transporte acuático de persona y carga pesada.

Gafas de sol: Accesorio que se usa para proteger los ojos de los rayos del sol.

Guagua: Medio de trasporte de cuatro ruedas más grande de un vehículo que caben una familia de cinco personas o de siete personas.

Huevada: Sinónimo de metía de pata. Palabra utilizada cuando una persona comete un error en ocasiones se refiere a un error gracioso.

Joyo: Parte posterior baja del cuerpo humano encargado de descargar gases y excremento.

Lala Landia: Palabra simbólica en donde se hospeda la mente cuando no presta atención a lo que está realizando.

Muelle: Estacionamiento acuático para barcos, botes, lanchas y cualquier otro medio de transporte acuático.

Nevera: Electrodoméstico que se encarga de enfriar o congelar para mantener alimentos y bebidas.

Nómina: Listado de empleados donde sale el salario de los empleados junto a sus deducciones.

Pantallas: Accesorios que se cuelgan en las orejas.

Pavera: Risa a carcajada difícil de controlar.

Pechos: Sinónimo de busto.

Prisa: Necesidad de hacer algo con urgencia.

Profesor: Instructor que ejerce su profesión en una universidad.

Samaritana: Persona de actos noble que se distingue de la sociedad.

Semáforo: Luz de tres colores que le indica a los vehículos cuando arrancar, detenerse o reducir la velocidad.

Sostenes: Prenda de vestir para la mujer encargada de sostener el busto.

Supermercado: Local donde venden todo tipo de alimentos.

Tacada: Compartir en familia donde solo habrá tacos para comer ese día.

Taller: Local donde trabajan hombre dando servicios de mantenimiento y reparación a todo tipo de vehículo de motor terrestre.

Trapos: Pedazo de tela que se utiliza para la limpieza del hogar.

Universidad: Centro donde asisten las personas para aprender sobre una profesión luego de culminar la escuela superior.

Vehículo: Sinónimo de auto.

Vellón: Palabra que se utiliza para referirse a un relajo entre personas. Ejemplo: "Te pegaron ese vellón y tú ni cuenta te distes"

Vestimenta: Prendas de vestir que cubren el cuerpo de una persona.

CONFIÉSATE

¿De qué parte del mundo te estás riendo? Déjanos saber cuál fue tu experiencia leyendo cada una de estas historias increíbles, pero a la misma vez ciertas. Confiésanos cuál fue tu favorita o cuál fue la más que te impactó o mejor dicho déjanos saber aquella que después de leerla no puedes superar. Confiésate con toda la confianza del mundo a:

quienesmasdespista@gmail.com

Despistá lleva acento en la última a y a la escritora se le olvidó ponerlo en el título. Un despiste más que va en este libro.